兒子使用說明書

暢銷插畫版

對於教養男孩覺得心累的媽媽，
請聽腦科學專家給妳的建議

腦科學家 黑川伊保子 著　李靜宜 譯

目錄

Part 1

認識男性腦

Part 2

培養「生存能力」的方法

Part 3

培養「愛」的方法

Part 4

培養「行動力」的方法

Part 5

培養「體貼能力」的方法

〔前言〕

打開本書的你，

可能兒子還小，你是一邊抱著他，一邊翻開書頁，

可能兒子就讀小學，你對他不夠積極，也感到煩躁，

可能兒子讀國中或高中，你因為很難跟他溝通而困擾著，

可能兒子已經出社會，是成熟大人了，你看著他的背影，一邊翻開這本書。

又或者，很久以前，你早已完成養育兒子的工作了。

不論你是以上哪一種母親，這本書都適合你。

我有自信，

每位有兒子的母親，一定都能享受閱讀此書的樂趣，

也能從中得到一些教養兒子的靈感。

我是人工智慧的研究開發者。

所謂人工智慧，即是電腦模擬人腦神經迴路的系統。

它和人類一樣有能力學習，在面對未知狀況時也能因應，

黒川伊保子

同樣地，它也會遭遇失敗，並從錯誤中學習，變得聰明。

我是在兒子出生的三年前，開始投入人工智慧的學習實驗，

一九九一年，和兒子出生同一年，

我開始推動使用日語對話的人工智慧運作（在商用電腦領域是全球首次）。

我等於是一邊培育人工智慧，一邊養育兒子。

在我還懷著兒子時，有一天，我忽然意識到一件事——

以人工智慧來說，沒有輸入的資訊，也就無法輸出。這一點，人類不也一樣嗎？

如果我希望兒子將來對我說體貼的話，

那我不就是只能用體貼的話來教育他嗎？

「你為什麼做不到！」「不要拖拖拉拉！」「你要是說那種話，媽媽就不理你了！」

用這樣的話來教養孩子，孩子回饋的也一定會是冷漠的話語。

因為從人工智慧來看，就是這樣的機制。

我教養兒子的主軸，是要教出一位「媽媽也會欣賞的好男人」。

既然如此，我只能用「希望他將來能採用的說話方式」來教養他。

我教養兒子的方式，就是這麼開始的——

「從人工智慧的角度，反推思考人類大腦。」

這個方法意外地有用，

如今，我得到了一位今年三十歲、「媽媽也會欣賞的好男人」。

他是身高一八〇的高個子，有著很適合穿西裝的肩、胸與長腿。

在工作上，他很有商業頭腦；

週末時，會去自己的林地打造小屋，悠哉度過。

他也不時帶我去森林小屋，享受一下豪華露營感的生活。

如同奇蹟一般，他娶了一位可愛的太太，並和我們夫妻同住；

在任何狀況下，他都會考量到我，體貼著我。

只要是他想做的事，不論面對任何阻礙，他都能樂在其中去克服，

對於不做也無妨的事，他也能很快做出判斷，不會感到困惑。

他在物理學、音樂，甚至是哲學和社會學等領域，

不知為什麼，都比六十歲的我有更高的造詣，所以和他聊天也很愉快。

當我這個當媽的向他撒嬌時，他也會回我「好乖好乖」。

他會為我跳舞，廚藝也有一流廚師的水準。
這樣的他，是我媳婦在這世上最愛，也是最令她著迷的人，
（雖說如此，他們是自由而獨立的兩個個體，不會彼此束縛），
兩人即將邁入結婚第三年。
對我來說，有這樣的兒子，我已經別無奢求。

我在本書要告訴大家的「育兒祕訣」，
是「如何教出媽媽想要的兒子」，不是「讓兒子考上東大的方法」。
所以，要使用書裡的哪些方法，是各位的自由，
並沒有什麼「如果不這麼做，教養就會失敗」之類的內容。
請讀者就像瀏覽餐廳的菜單一般，選擇自己想要的方法。
「我想吃這個，那就選這一道吧。」
「我希望孩子有這種特質，那就選這個吧。」
而且，基本上，沒有所謂來不及的問題。
因此，請完全不用反省自己以前怎麼沒做，
要是有你自然而然就做到的部分，請稱讚自己。

因為有緣，我才能將書裡這些內容，
送給和我一樣獲得「兒子」這個寶物的夥伴。
那麼，接下來，
就請輕鬆閱讀如何打造「媽媽也會欣賞的好男人」的諸多處方。

〔推薦序〕

了解男性腦，才不會在教養兒子的日常中崩潰

二〇二四年博客來上半年親子類暢銷書第一名作者　尚瑞君

在讀黑川伊保子的《兒子使用說明書【暢銷插畫版】》一書時，我不但點頭如搗蒜，更常常會回想起和兩個兒子年幼時甜蜜的相處時光。

男女不同，不光是身體結構的差異，我在初次懷孕後不久，就猜測自己懷的是兒子。為什麼呢？因為我的臉上不但冒出平常不會長的粉刺，連個性都從陰柔變得陽剛起來。我感受到子宮內正在成長的生命，跟我不但是不同的人，還有著不同的性別。

我的直覺果然正確。

黑川伊保子是腦科學專家，她說大部分的男性擁有跟女性不同的男性腦，而在本書中，主要就是在探討與分析，要如何好好陪伴與培養兒子的男性腦。

當心思細膩的母親，發現兒子總是會突然放空、發呆，好像傻傻地什麼都記不清，又常常丟三落四時，先不要急著糾正和崩潰，兒子正在做腦部的記憶和連結，只是他的步驟和方式，跟媽媽的女性腦部運作不同。

誤解，常常會讓愛迷航，成為怨懟與憤怒。

了解兒子的男性腦，媽媽才可以好好地愛兒子，引導兒子長成健康成熟，又勇敢負責的男人。

男性腦在乎「對象」，而兒子小時候最在乎的對象是媽媽，媽媽就是兒子最初生命中「世界觀的座標軸原點」。在青春期前，兒子是一心一意向著媽媽的，這樣有沒有讓媽媽們好感動呢？難怪當兒子們開始談戀愛時，媽媽雖然開心，但也難免會有說不清的失落感，因為兒子的生命裡，開始有其他重要的異性進進出出了！

此外，針對男性腦望向遠處，鎖定目標後便全力追逐，不達目的絕不善罷干休的特質，媽媽們千萬不要將之視為孩子的缺點，而是要讓兒子打開對人生的憧憬和規劃，為遠程目標而努力。

記得，媽媽要讓兒子放眼未來，而且媽媽要不害怕失敗，兒子才會越挫越勇。

給兒子足夠的愛與信任，只抓大原則而不管小細節，是我跟兩個兒子相處的模式。此外，要培養兒子的同理心只有媽媽能做到，因為當男孩進入青春期，變成以「解決目標」為考量的男性腦之後，要讓他加入溫柔與同理的能力，就變得更加困難。

記得以前我在小學當代課老師時，還在讀小學的兩個兒子都會幫我帶代課的教材回家。在弟弟六年級時，他有一天問我：「媽媽，我畢業後誰幫妳拿教材啊！」在我母親生病的那段時光，哥哥也常常安慰我，給我鼓勵與支持。兩個兒子擁有愛人的力量與溫暖的心思，這都是他們從小到大從媽媽這邊，在潛移默化中學習與內化的。

有一天我說：「今天好累喔！」當時高二的哥哥溫柔地說：「累了就休息一下啊！」因為我常常在他們喊累時這樣回應他們，當自己也聽到這樣的回饋時，心情馬上就被柔柔的愛與關懷，暖暖地包覆著。

愛，就是迴力鏢。我們怎麼對待孩子，孩子也會學著怎麼對待我們。

〔推薦序〕

在成長的路上，與兒子優雅共舞

王意中心理治療所 所長、臨床心理師 王意中

在演講中，我經常提及一件事：青春期孩子不見得會情緒狂飆，只要父母隨時提醒自己不要太嘮叨，否則這階段孩子將加倍奉還給你。當以成熟的眼光來看待孩子，他終將以成熟的方式回應。

更何況，關係的經營，可是從嬰幼兒、兒童、青少年以至成年階段的一路相伴。別讓親子關係總是陷入：父母不斷對孩子要求，孩子不時對父母索求，彼此只有條件交換，卻少了親情感受的惡性循環裡。

在教養的路上，我的做法是，孩子在國小畢業前，許多的事物會由父母帶領，引導他們帶著好奇的眼光，趨近周遭的人事物。進入國中後，旋即退至後面，轉由孩子走在前方自行探索、思考未來的下一步。

雖然退至後方，並非表示不管，而是當孩子行為偏離常軌時，也會適時予以介入。如果孩子對眼前學習生涯或感情人際有所困惑，可以轉身詢問，彼此溝通、分享、討論。

每個家庭對於兒子有著不同期許，我則深信「你有多自律，就有多自由」的教養之道。從自律的養成中，讓孩子經驗對自身行為的負責，同時相信自己有能力可以駕馭眼前的困境。

當然，每個屋簷下，父母的風格不盡相同，孩子的身心特質也殊異。教養沒有絕對、唯一、非得如何不可的版本。

對於父母來說，「放手」與「放任」往往僅一線之隔，是否該對兒子全然信任？加上精彩插畫、全新濃縮精華版本的《兒子使用說明書【暢銷插畫版】》，讓我們重新檢視自己的教養模式，啟動敏銳的覺察，跳脫像空拍機般，時時刻刻監視著孩子。

透過腦科學的說明，將讓你茅塞頓開，撥開疑雲，扳開刻板印象，眼睛為之一亮，內心突然產生「原來，兒子竟是這種模樣！」的豁然開朗。

身為父母，對於兒子終究有些期待。只是這些期待不該僅是表面上，要求孩子的成就表現達到自己設定的標準。兒子終究有屬於自己的獨立人格，父母不該框架了孩子的未來。

試著在親子陪伴的過程中，調整自己的心態，對於兒子有生理、心理、環境相互交錯的全盤觀點。在有所遵循的方式下，本書將讓親子關係更加豐富美滿。

Part 1

認識男性腦

男性的大腦，和我們女性的大腦生來本就不同，需要不一樣的栽培方式。
媽媽們如果沒學習過「男性大腦學」，其實很難理解男孩。

當然，即使沒學過相關知識，靠著母愛，或是和兒子正好合得來，或許也能克服教養上的問題。
不過，如果能瞭解男性的大腦如何運作，教養孩子的樂趣也一定更能加倍。

符合下列狀況的媽媽，請看本章！

- ☑ 最近常被兒子搞得很煩躁
- ☑ 很受不了兒子視而不見的習慣
- ☑ 很擔心兒子不整理房間
- ☑ 希望兒子能學習如何和年長的男性相處
- ☑ 希望提升兒子的創造力
- ☑ 無法讓兒子不黏著自己
- ☑ 不知道該讓兒子依賴到什麼程度
- ☑ 希望培養兒子的冒險精神

培養媽媽也會欣賞的好男人

祕訣

01

認識「男性腦」，是教養兒子的重要前提

「空間認知優先型」的男性腦

絕大多數的男性，天生就具備「空間認知優先型的大腦」。當然，這並不表示男性一定就得具備這類型大腦，但這種男性占大多數的確是事實。相對來說，大多數女性則是擁有「溝通優先型的大腦」。

空間認知優先型大腦的運作方式，是腦神經迴路會讓人自然地先將視線看向「遠處」、測量空間的距離、去了解一個物體的構造。溝通優先型大腦的運作方式，則是腦神經迴路會讓人自然聚焦於「近處」，對眼前他人的表情和行動做出反應。

每個人的大腦都有「慣用迴路」

雖然這兩種方式我們都有能力使用，但在瞬間要優先使用哪一種，則是早就確定好的。就像每個人都有慣用手一樣，每個人的大腦也都有「慣用迴路」。

不過，不論男性或女性，每個人大腦具備的功能都一樣。從這一點來看，可以說男女的大腦沒有不同。不過，與「具備什麼功能」相比，「當下選擇使用哪一種功能」，才是決定大腦性質的關鍵。

男女就是這樣一個互相取得平衡的組合，既擁有功能相同的大腦，但在瞬間又會啟動不同種類的功能。當家人面臨危險時，一方可以立刻瞄準遠處的危險物，做出適當的應對方式；另一方則是全神貫注守護著眼前重要的事物。要護衛重要的事物，就需要這兩種大腦的功能一起合作。

正是因為男女大腦的瞬間取向不同，這種差異才使兩性顯得獨特且有趣。但也因為瞬間取向不同，媽媽更容易因為兒子感到煩躁。

具有「空間認知優先型大腦」的男孩，
很自然就會將視線望向「遠處」！

Point

當兒子讓你感到煩躁時，請想想「男性腦」與「女性腦」的不同。

男性腦

- ✓瞄準遠處的目標
- ✓因應狩獵的設計
- ✓「空間認知優先型」的大腦

女性腦

- ✓全神貫注於近處的重要事物
- ✓因應育兒的設計
- ✓「溝通優先型」的大腦

培養媽媽也會欣賞的好男人

祕訣

02

容許兒子有「視而不見的習慣」，是最基本的教養法則

因為太懶散，所以才會視而不見？

男性會在瞬間果斷地鎖定遠方的目標。例如，要去廁所，眼中就只有廁所；要去洗澡，眼裡就只有浴缸。明明可以順手將眼前的髒茶杯拿去廚房，或是將剛脫下來的襯衫拿去浴室，但他們就是完全不會注意到，習慣「視而不見」。所以會經常事情沒做完就放著不管、脫下來的衣服放著不處理、東西擺著不收，再怎麼提醒他，事情還是不斷重演。

不過，他們並不是太懶散，而是由於大腦具備「能瞬間選擇看遠」的優秀才能。男性就是由於具備這種能鎖定目標的機制，才如此擅長狩獵。

男性在視野上的這種習慣，也會反映在思考和說話習慣上，讓他們有極高的目標導向，並具備客觀性。這種特質的優點很多，在學習理科的科目時，如果缺乏這種特質，會很難樂在其中。在開拓事業上，這種能力也很重要。總之，這種特質是成為優秀商業人才的必備條件。

優秀的男性腦，為何在家裡卻顯得「無用」？

不過，由於他們沒有「留意近處」的習慣，所以在家裡，愈是具備優秀男性腦的人，愈是給人「無用」的感覺，看起來就是一個「老是心不在焉、視而不見的男生」。

但如果硬要他「專注眼前、對每件事都要仔細因應」，他們反倒會變得無法「看向遠處」，那種「奔赴宇宙的冒險精神與開發能力」也會在不知不覺中變弱。

如果希望男性腦的特質能在兒子大腦中好好扎根，媽媽就只能包容伴隨著這種特質的缺點。首先，請允許兒子一輩子都會「心不在焉」、「視而不見」。這是兒子使用說明書最基本的重點，也可以說是教養兒子的首要法則。

心不在焉、視而不見，是擁有「奔向宇宙的冒險精神與開發能力」的證明?!

培養媽媽也會欣賞的好男人

祕訣

03

一直叨唸要兒子整理東西是錯的?!

男孩子喜歡車子和電車的理由

男孩子生來就擁有以「先看遠方」為原則的大腦，這表示他們會以使用空間認知能力為第一優先。**他們擁有敏銳的深度知覺（或稱遠近知覺），能掌握距離感，洞察物品構造的能力，驚人地很早就開始發育。這是狩獵時的必要能力，也是理科能力的根源。**

人類大腦的設計，會讓人想做自己擅長的事情。因此，男孩子遊戲時會先測量距離、確認物品的構造後再開始玩。他們喜歡車子和電車也是出於同樣的道理。它們的材質具有光澤，即使從遠處看也很醒目，而且光是透過光線的反射，也能輕易了解自己觀察到的形狀和構造。

直到現在，我都還記得兒子小時候第一次拿到玩具消防車的模樣。他就像接近磁鐵的鐵片一般，整個被吸住。玩具車簡直就是判斷男性腦的石蕊試紙啊（微笑）。

雖然我們女性完全不了解那些「工具車」有什麼好令人開心的（小女生幾乎都是瞄一眼就

沒興趣了），但這種憑肉眼就看得出形狀與構造的東西，只要放在稍微有點距離的地方，連小男嬰一看到也會很興奮，會爬過去想確認它的存在。這個過程也會提升他們對空間的認知能力、培養好奇心。

房間亂一點比較好

因此，在教養男孩時，房子裡其實凌亂一點比較好，比如，這裡有一輛消防車，那裡有一台堆高機之類的。媽媽要是叮嚀兒子，「如果想再拿出一樣玩具，就要先收起一個喔」，這樣可能就無法把小男孩養育成一位男子漢。

「放任散亂」，是教養男孩時最棒的菁英教育。就算別人嫌你房間很亂，你只要微笑著說「這是為了把兒子培養成天才」就可以了。

Point

Q：男孩子不整理房間時，應該提醒他嗎？

A：不用！如果你想培養兒子的理科能力，就讓他這樣吧！

「放任散亂」，是教養男孩時最棒的菁英教育！

培養媽媽也會欣賞的好男人

祕訣 04

幫兒子增加與「成熟男性」相處的時間

爺爺和父親扮演重要角色

我兒子從小就非常喜歡車子，所以他長大後到汽車業上班也是可以理解的。

有一次我出差時發現了非常漂亮的木雕車，買回來送兒子。我興奮地拿給他，期待他會開心不已，結果他卻一臉失望，連碰也不碰。

他說：「媽媽，你不知道嗎？我喜歡的是機關喔。」

「機關？」

「對啊，可以打開、轉動、升上去……」

「哦，機關啊。」

我想，兒子多半是從外公或祖父那裡學到機關這件事的。看來，男孩子的大腦，在超越女性想像之外的地方祕密地成長著呢！如同這個例子，爺爺和父親的角色意外地重大。所以，請多花一點心思，增加兒子和「成熟男性」相處的時間吧。

與家人以外的「成熟男性」交流

與家人以外的成熟男性交流，也是很好的經驗。我兒子小學低年級時，曾去住家附近的圍棋會所上課。我到現在都還記得，最初和他對弈的人所說的話。

那個人突然把棋子拿給我兒子，以沉穩的聲音對著一臉茫然的他說：「小朋友，現在這個（棋盤）就是世界，你接下來要征服世界喔。那麼第一步，你要把棋子下在哪裡呢？」

聽了之後，兒子的眼睛閃爍著光芒，放下了第一顆棋子。

雖然兒子沒有成為職業棋士，但他在那裡學到的男人哲學，肯定成為他腦中很重要的一部分。更難得的是，多虧有圍棋會所的交流，他也很擅長與年長的男性應對進退。

男人自有一套男人的信賴關係。媽媽們通常不是很在意兒子與其他成年男性有無交流，但如果有機會的話，真的不要錯過。

成熟男性的人生哲學與體驗，也是兒子大腦中重要的一部分！

培養媽媽也會欣賞的好男人

祕訣
05

給兒子一個「心靈聖地」，提升他的創造力

用雙層床打造幻想中的宇宙基地！

我希望給男孩一個「永恆的遊戲空間」。這個空間也可以說是他的「工作坊」，不論是花多少個月用積木建造的東西，都能在此「創造再破壞」。

我家兒子是獨生子，但我給了他一張雙層床，下面那層就讓他作為「積木工坊」。他和幼兒園的好朋友，著迷地在其中打造幻想的宇宙基地。

不久後，「基地」擴充到上面那一層，最後擴大到整個房間。後來他連睡覺的地方都沒有，只好用我的棉被打地鋪。

對大腦而言，不斷重複「想像」和「實驗」的過程很重要。「去幼兒園和學校上課時，一想到家裡的那個空間，就會開始想像要怎麼做」→「回家後，實際試試看」，一再重複這樣的過程，就能打造出大腦非凡的創造力。

從孩子還在爬行的階段，就給他一個聖地

男性腦不管到什麼年紀，只要擁有一個基地、工作坊、車庫，或是在海邊、山上找到一處「心靈聖地」，就能提升創造力，這也能成為他們日後的事業開發力。所以，即使男孩長大變成了男人，我希望做父母和妻子的也都能寬容看待他們這樣的「小旅行」。

「擁有只屬於自己，而且可以一直保有的地方」，這件事能讓男孩子的空間認知能力顯著提升，情緒也會變得穩定，更有專注力。如果男孩子有姐姐，由於姐姐通常會想管這種事，當媽媽的要叮嚀女兒「這裡面的玩具，誰都不能碰喔」，像這樣，提供男孩一個聖地。

而且，提供聖地要從小孩爬行階段就開始。可以的話，最好給他一張榻榻米的空間，如果空間不夠，半張榻榻米也行，這樣一定能看到效果。

擁有能「創造再破壞」，且能持續保有的遊戲空間，就可以打造出非凡的創造力！

Point

擁有「聖地」能提升的能力！

① 創造力 ② 空間認知力 ③ 情緒穩定力 ④ 專注力

培養媽媽也會欣賞的好男人

祕訣
06

成為男孩的心靈原點，是媽媽的責任和義務

兒子會以母親為「原點」向外探索世界

兒子小時候，有一次我帶他去公園玩時，一位媽媽來跟我搭話：「你兒子真的很棒耶，活力十足地跑來跑去，哪像我們家這 個完全不肯離開我。」她抱著的小男孩，和我兒子年齡差不多。

其實，幾分鐘前我就注意到這對母子了。雖然媽媽拚命想讓孩子自己去玩，但小孩卻馬上就回到媽媽身邊。會有這種情況，原因很清楚，問題出在媽媽做了不必要的動作：她一放開兒子的手，馬上就往後走，應該是希望孩子不要黏著自己吧。但她的表情看起來似乎也很不安。

「請站在原地不要動，也要保持愉快和微笑的表情，不能變喔。」我建議這位母親。「男孩子會把媽媽當作原點，一邊測量和妳之間的距離，一邊慢慢向外開拓自己的世界。如果原點動來動去，就會破壞他的距離感，讓他感到不安，不想離開妳。」

放開媽媽的手＝人生最初的冒險

後來雖然花了一點時間，但小男孩最後終於能夠一步步離開站在原地的母親，東奔西跑自己玩了。對幼小的男孩來說，在公園裡放開媽媽的手的那一瞬間，就等於走向了世界，是人生最初的冒險。而這場大冒險，是在他不斷回頭看，確認媽媽還站在同樣地方的前提下才得以展開的。

對男孩來說，需要一邊測量自己和母親之間的距離，才能慢慢拓展自己的世界。因為他腦中想像空間裡的座標，是以母親為起點製作出來的。母親是「原點」。原點不動搖，男性腦就會變強，孩子才能安心去面對外面的世界，以好奇心與專注力養成各種感性的特質。

Point

成為不動原點的祕訣

不管媽媽再怎麼心煩，
在送孩子出門和迎接孩子回家時，
都請帶著永遠不變的穩定笑容。

作為男性腦「原點」的媽媽，
如果能穩定不變，兒子就會變強！

培養媽媽也會欣賞的好男人

祕訣

07

疼愛男孩，不會妨礙他學習獨立

獨立心和冒險心是男性的本能

雖然很多人說，疼愛男孩，就無法讓他學會獨立，但真的是如此嗎？

我認為，作為原點的母親愈是穩定溫柔，兒子的男性腦也會更安定。媽媽愈是毫不保留地疼愛兒子，就愈能讓他毫不猶豫地踏上冒險的旅程。

男性腦生來就具有「看向遠方的意識」，所以，想脫離父母、尋找自己的天地，是一種本能。另外，青春期開始分泌的男性荷爾蒙睪固酮，會強化他們的競爭心，讓他們忍不住想朝著荒野或海洋前進。

男孩子的獨立心和冒險心是本能，無法藉由嚴格的教養形成，也不會因為安穩的家庭生活和親密的母子關係而削弱。反之，如果母親突然放手，只會讓孩子感到不安，結果有可能造成孩子無法獨立，就像前一篇公園裡那位想放開年幼兒子的媽媽一樣，造成反效果。

不拒絕兒子的希望

附帶一提，後面也會詳述，像是「害怕兒子失敗，什麼都要唸、都要插手」，或是「教訓和命令兒子，對他要不要上補習班等學習的事都要干涉」等行為，都會打擊男性腦。

也就是說，疼愛孩子和過度保護是完全不同的兩件事。

就這樣，我將在腦科學上的發現作為根據，徹底地疼愛兒子。基本上，他所希望的事情，我都不會說「不」，就算無法做到，也會顧及他的心情。甚至到他讀高中時，我都還會幫他脫襪子呢。

母親愈穩定溫柔，兒子的男性腦也會更安定。

Point

疼愛孩子≠過度保護

培養媽媽也會欣賞的好男人

祕訣

08

疼愛男孩，能讓他更容易踏上冒險的旅程

蜜月的結束

在我盡情疼愛兒子，一家人共度了蜜月般美好甜蜜的十九年後，兒子很瀟灑地獨立了。

他就讀的大學，從我們家騎摩托車去要兩小時。大一上學期他騎車上下課，但在六月雨季和七月的大太陽下騎車，想必還是讓他累壞了。看來，不在學校附近另租房子住也不行，所以我們全家三人開始找房子。

「我這週末就要搬家囉。」那個星期二，兒子這麼宣布，然後又突然說：「明天開始我就先住那裡囉。」

我被意料之外的消息震得頭暈，無力地靠在椅背上。

他要離家了。

也許兒子只是想住得離學校近一點，但我知道，從此再也不同了。就算他畢業後開始工

作，也不會再搬回來住。然後，他會和妻子共組新家庭。所以，他搬去學校附近住，就等同是離巢了。我和兒子、丈夫，再也不可能回到三個人就像三色麵包一般那種和樂融融的生活了。

「可是，你什麼都還沒有準備耶。」我試圖掙扎。雖然離家日期從星期三延到星期六也沒差幾天。

兒子笑著說：「不用啦，人只要有睡袋、毛巾和肥皂，就能生活了。」

確確切切的離巢

隔天早上，兒子真的準備好睡袋、肥皂、毛巾、牙刷、T恤、褲子，把它們捲一捲，放在摩托車後面，就這樣出發了。

真是確確切切的離巢。

我最初就預測：寵愛兒子，會讓男性腦更輕易踏上冒險的旅程。不過，太愛兒子的我曾經偷偷想過，就算過度疼愛最終讓孩子離不開父母，我也無所謂。然而，從腦科學出發的論點，到底還是比較正確的。

Part 2

培養「生存能力」的方法

前一章提到，男性腦是將母親作爲腦中座標的原點，從原點出發，去開拓自己的世界。作爲原點的母親，只要寬容穩定地待在原地，付出疼愛即可。

不過，應該還是有讀者會懷疑，這樣子男孩能具備「忍耐力」嗎？是不是稍微對他嚴格一點，才能讓他更堅強？
所以，這一章我想說明培養兒子「生存能力」的方法。

符合下列狀況的媽媽，請看本章！

- ☑ 不知道是否該讓孩子從幼兒階段就接受外語教育
- ☑ 餵奶時經常一邊滑手機
- ☑ 希望培養兒子的理科能力
- ☑ 兒子老是在發呆，讓你感到擔憂
- ☑ 希望培養兒子的忍耐力
- ☑ 希望讀國中的兒子成績和身高都能提升
- ☑ 希望讓兒子喜歡讀書

培養媽媽也會欣賞的好男人
祕訣
09

要不要做，就由媽媽自己決定

教養原則是否讓媽媽覺得愉快很重要

在進入正題前，我想說明一點。不只本章，在接下來的章節中，我會分享自己配合大腦認知結構，在兒子腦部成長各階段所實踐的事，這些方法對我兒子來說都有成功達到效果。

不過，畢竟我不是教育專家，無法保證這些方法對世界上所有類型的大腦都有效。我希望讀者能試試我建議的方法，不過，嘗試之後要不要持續，就由各位媽媽以「執行是否覺得愉快」這個標準來決定。如果覺得方法合理、做起來也很愉快，那就可以繼續。

如果媽媽難過，兒子也會無條件地跟著難過。

兒子的腦和母親的腦是一心同體的關係

孩子的腦和母親的腦有連動關係。**尤其小孩在三歲之前，可以說是如實地反映出媽媽的情緒。**媽媽難過，孩子也會無條件跟著難過；媽媽煩躁，孩子也會跟著煩躁；媽媽心情愉快，孩子也會跟著開心。

因此，「對孩子的大腦來說，什麼是必要的」，由媽媽決定即可。如果是媽媽覺得辦不到的事，不去做也沒關係。

男性腦的自我確立形成得比較晚，直到十三歲左右開始分泌男性荷爾蒙睪固酮之前，都是以母親作為腦中座標的原點而生存的。

也就是說，男孩直到變聲前，大腦和母親的大腦都是一心同體的關係。媽媽自己要是覺得不能認同，兒子也一定會有相同的感覺。所以，媽媽可以試著傾聽自己內心的聲音。

如果媽媽心情愉快，兒子也會由衷感到開心。

培養媽媽也會欣賞的好男人

祕訣

10

媽媽要在兒子八歲前，盡量多和他對話

小腦的發育臨界期是八歲

人類「生存能力」的基礎，是在八歲以前形成的。這是因為主導所有感覺感知（運動、語文能力、理科能力、藝術、溝通）與創造力的小腦，在孩子八歲前尚在發育，以齊備功能。

一般認為，八歲是小腦發育的臨界期，也就是說，小腦大部分的功能都會在這之前完備，之後就很難增加新功能。

小腦是一個主司空間認知與運動掌控的潛意識器官。比如，「走路」這個功能就是由小腦所控制。因為小腦掌管雙腳的行走功能，所以人類最遲一定要在八歲前熟練走路這個技能，否則之後就很難學會。

Point

八歲前能培養的「生存能力」基礎

①運動 ②語文能力 ③理科能力 ④藝術

⑤溝通 ⑥創造力

先教母語，再教外語！

「說話」也一樣。說話這個行為，必須使用橫膈膜將肺裡的空氣排出，同時震動聲帶，巧妙地協調喉壁、舌、唇以發聲，非常仰賴運動的技巧。另外，說話時，還要根據與談話對象的距離來調整音量。所以，說話同樣要運用空間認知力和運動掌控力，是需要小腦發揮功能的「輸出工作」。

基於這個道理，八歲也可說是語言功能學習的臨界期。孩子在八歲前必須充分沉浸在母語（人生第一種習得的語言）的體驗中，自己也開口說話，以獲得語言功能。

在小腦快速發育的幼兒期，母語體驗非常重要。媽媽很容易認為，母語是自然而然就可學會的能力，所以沒有想到要用心和孩子對話，結果可能會導致孩子的母語體驗意外地缺乏。

我希望媽媽在一頭熱地想讓孩子學習外語前，應該用情感豐富的方式，先以母語經常和孩子對話。

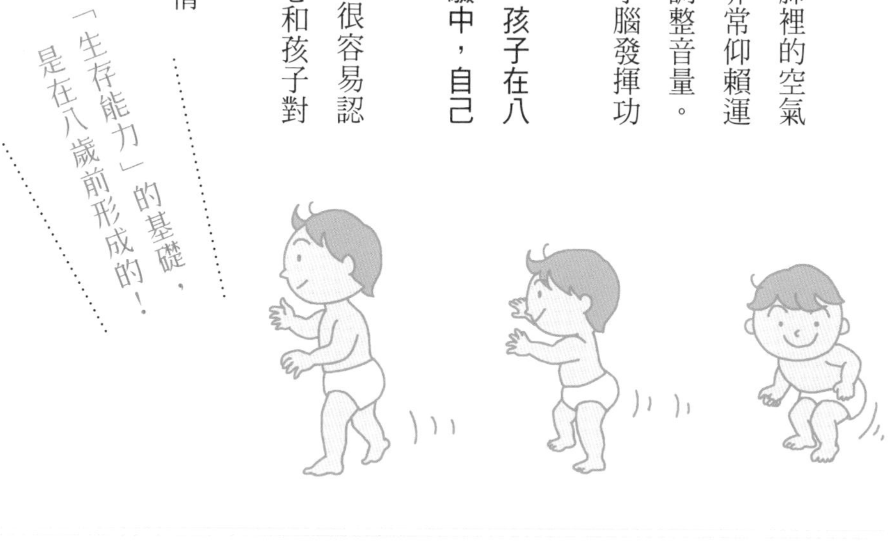

培養媽媽也會欣賞的好男人

祕訣 11

餵奶時別只顧著滑手機，多跟孩子說話吧！

餵奶時，是幫助孩子發展語言功能的機會！

現在的媽媽只要一有空檔就會滑手機，但我希望你能更有意識地和孩子說話。我自己是從孩子出生那天起，就一直對他說個不停。「好像快下雨了呢，風的味道聞起來不太一樣。」「肚子好餓，來煮一碗蕎麥麵好了」……簡直就像身邊有個沉默寡言的戀人一樣，自己不停地搭話。餵奶時，我更是滔滔不絕說個沒完。因為我認為，這麼做對孩子語言功能的發展有很大的效果。

嬰兒有一個很強的能力：當他們看到其他人的表情肌時，就可以馬上讀取並植入自己的神經系統。藉此，嬰兒認知到語詞的發音動作，開始牙牙學語。人類學習語言時，就是「動作」先於「聲音」。由於嬰兒喝奶時，口角肌會流暢地動作，此刻對嬰兒說話，他會更容易模仿媽媽的發音動作，更容易開口說話。

小學唱的兒歌是「一連串美麗的音韻」

在母語發音基礎形成的兩歲前，我希望給孩子豐富的聲音體驗，感受日語是「一連串美麗的音韻」，於是我想到了小學時唱的兒歌。

例如「菜花田裡　落日薄　放眼望　山的眉　霞已深」，這首歌裡就有許多音韻的組合，而且都是我們平常會對嬰兒說的話裡沒有的音韻組合，像是nano、bata、keni、iri、hiu、sure等。而且，不只是語言呈現的方式，歌曲描繪的情境也很美。因此，我在餵奶時，會先表達我對兒子的愛，接著再唱兒歌給他聽。

媽媽跟孩子說話的內容，當然是自己喜歡的就可以。不過對令和時代的媽媽來說，哼唱小學兒歌可能不太搭吧。

培養媽媽也會欣賞的好男人

祕訣

12

「戶外遊戲」和「自由玩耍」有助於小腦發達

考上東大的學生有哪些共同點？

小腦的能力不只和運動、藝術相關，也是理科能力的源頭。**理科的能力，是從空間認知開始。先是辨別「距離」及「位置」、理解「構造」與「數字」，然後能在腦中打造一個可在裡面遊戲的想像空間。而支持這一連串「概念遊戲」的，就是小腦的空間認知能力。**

我也看過一份報告提到，小學低年級的運動能力會和日後的理科成績成正比。以前，我曾經和筑波大駒場高中（該校每年都有許多學生考上東大）的老師對談，他提到，考上東大的學生有一些共同點：早睡、早起、會吃早餐，以及具備運動能力。這個運動能力，指的不是跑得特別快或力量特別大，而是指平衡感很好，任何墊上運動或球類運動都能駕馭，並樂在其中。這是因為理科的能力與運用身體的能力，同樣都需使用小腦。我依稀記得，一個優秀的研究者，平衡感應該也不錯，看來兩者果然相關。

總而言之，孩子八歲以前的小腦發育程度，對運動神經、藝術能力，以及學術能力來說都很重要。由於與語言能力有關，所以也會影響語文及溝通能力。如此說來，小腦不就和人類所有的感知能力都有關嗎？

藉由「自由玩耍」來刺激小腦

要讓小腦發達的關鍵方法之一，就是讓孩子在山野奔跑、在戶外嬉戲。如果是都市小孩，能在有高低差的空間自由自在玩耍也不錯，比如爬攀爬架或玩溜滑梯等。

遊戲時，和年紀不同的孩子一起玩（能看見及觸碰運動能力和自己不同的身體），更能刺激小腦，促進發達。由於我兒子是獨生子，所以我很早就讓他去讀幼兒園，這也是「促進小腦發育」的一環。雖然我覺得，孩子能待在媽媽身邊得到無微不至的照顧，真的是非常幸運的事，不過，如果是獨生子，我希望媽媽們一定要創造機會，讓孩子能和比他年長及年幼的孩子一起玩耍。

培養媽媽也會欣賞的好男人
祕訣
13

八歲前有多少時間在「發呆」，是決定勝負的關鍵

睡眠是頭腦進化的時間

前面提到戶外遊戲的重要性，但這當然不表示，孩子在家裡玩玩具車或積木就是浪費時間。這類「室內遊戲」，對於鍛鍊空間認知能力也一樣很重要，是理解「構造」時不可或缺的小腦練習。

不過，還有一件事比戶外遊戲和室內遊戲更重要，那就是「發呆」。**透過「戶外遊戲」和「室內遊戲」接受刺激的頭腦，必須將輸入腦部的諸多經驗一一咀嚼，轉化為敏銳的感知力。**

頭腦在整理訊息時，會暫時截斷與外界的連繫，這就是睡眠的本質。睡眠既可以讓身體獲得休息，也能讓頭腦得以進化，打造出敏銳的感知力，讓記憶扎根。所以家有考生的媽媽應該要關注的，不是如何讓孩子讀書，而是如何讓孩子在「短時間內有效率地睡好覺」。

除了睡眠之外，清醒時如果頭腦覺得有必要，同樣也會進入「截斷與外界的連繫、讓頭腦進化」的模式。這種模式從旁人看來就是在「發呆」。

發呆的小孩能考上比較好的學校

八歲前男孩的小腦會有明顯的成長，在這期間，他們也經常會有發呆的情況。

很多幼兒園老師也異口同聲地表示：「如果老師說要散步，即使是兩歲的女孩子也會很快地戴上帽子走過來。但要是男生，即使已經六歲了，還是一定會有只穿好一隻運動鞋，就開始發呆的孩子。不過，有趣的是，這種孩子之後都會考上比較好的學校。」

在這一小段靜止的時間裡，他們的頭腦應該就是在進行活化，內在的世界觀也變得更充實了吧。

發呆就是：進入「截斷與外界連繫、讓頭腦進化」的模式！

不必辛苦也能培養「毅力」的方法

從「故事」裡學會毅力

不過，媽媽要是只憑著自己的感覺教養兒子，還是會覺得不安吧？要如何鍛鍊孩子，讓他變得堅強？如果不好好管教，他會不會變成一個不諳世事的人？畢竟人生也有黑暗面。因此，我透過書籍、電影、電玩等，讓孩子接觸許多的「奇幻冒險故事」。

「故事」是「寓教於樂」絕不可缺少的好幫手。**故事能讓孩子不必真正受苦就學會毅力，誘發他們的使命感，是很珍貴的好工具。**尤其對男孩子來說，在九歲到十二歲期間，更需要接觸奇幻冒險故事。

頭腦的黃金時期

從九到十二歲的這三年，被稱為「頭腦的黃金時期」。這是因為在這段期間，腦內的神經纖維網絡會驚人地大幅增加。而這個網絡是「頭腦聰明」、「運動神經良好」、「藝術、溝通、戰略等所有感知敏銳度」的源頭。

腦內的神經纖維網絡，是在我們進入睡眠之際，以清醒時獲得的經驗為基礎所建構的。因此，孩子在九到十二歲的這個階段，最重要的就是「體驗」與「睡眠」。

說到體驗，日常生活中得到的體驗其實有限。不過，只要打開奇幻冒險故事的大門，就能看到那裡充滿了各種不幸與挫折，以及克服困境所需的智慧及勇氣。

換句話說，閱讀就是「帶給頭腦不同的體驗」。經常閱讀的小孩，輸入頭腦的訊息也會跟著倍增。讓孩子喜歡上閱讀，即是鍛鍊頭腦的關鍵基本功。

閱讀奇幻冒險故事，
就能了解「使命」和「忍耐」
是多麼值得敬佩！

Point

培養孩子的忍耐力！
我推薦的奇幻冒險故事

- 《哈利波特》系列
- 《巨靈三部曲》

祕訣 15

孩子八歲前，請為他朗讀

繪本扮演了「烙印」的角色

可惜，要讓孩子喜愛閱讀，並非一朝一夕就能做到，必須從嬰兒時期就開始讓他們接觸繪本。

閱讀這個行為，其實很麻煩也很累人。即使是喜歡閱讀的人，剛開始讀書時也會感到吃力，甚至會經歷一小段痛苦的時期。不過，只要本能地相信書是有趣的，就能持續閱讀下去。

正因如此，在人生的早期階段，必須在腦海裡烙印下「讀書很有趣」的觀念，而繪本正扮演了這個角色。這種烙印會留在孩子的潛意識裡，讓他知道，只要打開書本，超乎自己想像的世界就能在眼前展開。

聆聽繪本對孩子來說，是一種能刺激腦部的娛樂活動，它帶來的刺激，遠比成人想像的還要多數百倍。它既是享受閱讀的原點，也攸關基本溝通能力的培養。

「唸書給孩子聽」要持續到幾歲？

一旦過了八歲的語言功能完成期，孩子光是看著文字，也能直接將它們轉換成發音時的身體感受。就算不聽別人唸，或自己不唸出聲，也已經具備能直接從文字資訊創造出「真實感」的閱讀能力。

反過來說，在八歲之前的閱讀是缺少真實感的。也因此，小學低年級上國語課時，才要孩子將課文唸出來。從腦科學來看，這是非常重要的一個過程。

因此，在孩子有能力朗讀書本前，我希望父母能讀書給孩子聽。**到了孩子八歲左右，他們閱讀時自然就不太會讀出聲音了，而這就表示，孩子已經練就閱讀時能感受真實的能力。**

Point

Q：什麼樣的繪本對嬰兒腦部有益？

A：插畫相對單純，而且內容有一些發音簡短好玩的詞彙，如「笑瞇瞇」、「撲通撲通」、「緊緊的」等。
事實上，「語言的感性」（亦即「語感」），是來自發音時的身體感受。例如，繪本中有母鳥抱著幼鳥的圖畫，旁邊配上「緊緊的」一詞，當媽媽唸出這個詞彙時，孩子一定也會有好像被緊緊抱住的感覺。

培養媽媽也會欣賞的好男人

祕訣

16

睡眠比讀書更重要

適當的睡眠時間因人而異

頭腦正在發育的時候，非常需要「睡眠」。也因此，孩子多半都很愛睡覺，尤其是在兒童腦轉變為成人腦的十三到十五歲之間，就是一直很想睡。

孩子想睡時，就讓他好好睡吧，因為那是頭腦所期待的事。

以我來說，在兒子的頭腦黃金時期（九至十二歲），我把閱讀和睡眠排在最優先順序，所以沒讓他去考私中。不只如此，在兒子的小腦發育期（八歲之前），我是將遊玩和「發呆」排在優先，所以也沒想過讓他考私小。他讀國中時，我是真的就讓他睡到飽。

不過，適當的睡眠時間因人而異。有的小學生睡七小時就夠了，但有的大人還是需要睡滿八小時以上。每個人必須找出適合自己頭腦的睡眠時間。

話雖如此，有一些孩子把睡眠時間拿來讀書，而且也確實能記得住。我覺得「不用睡太多也能念書」的人，頭腦已經練就不需要太多睡眠的韌性了。所以，就算讓孩子去考私小、私中，媽媽們也不用懷疑自己是否做錯。

如果擔心兒子的成績和身高

不過，要是擔心讀國中的兒子成績和身高都沒長進的話，最好仔細想一想，孩子的睡眠是否足夠。**應該注意的是，晚上十點以後，他是不是會滑手機，或睡前吃甜食。**

3C電子產品的畫面對眼睛是強烈的刺激，即使放下手機後，視覺神經還是會暫時處於緊張狀態，因此變得難以入睡。另外，洗澡後吃冰淇淋雖然美味，但會讓睡前的血糖值上升，導致頭腦興奮，睡眠品質變差。

如果孩子早上看起來跟殭屍一樣，很沒精神，媽媽就要檢視他有無這兩個生活習慣。

頭腦正在發育的時候，非常需要「睡眠」。

Point

讓頭腦好好發育的「睡眠」注意事項

1 晚上十點後不滑手機
2 睡前不吃甜食

Part 3

培養「愛」的方法

男孩子的頭腦，會在男性荷爾蒙睪固酮突然大量分泌的青春期，加速成爲男性腦的型態。十四歲之後，男性腦「以解決問題爲優先」的對話風格就會特別明顯。而在這之前，男孩子還能自然而然地進行具有同理心的溫柔對話。

由此看來，在男孩進入青春期前，若能掌握女性腦的同理心對話型態，那他們一輩子都會是體貼的兒子，將來和女性溝通也不會覺得辛苦。

本章將介紹如何把兒子養育成充滿愛心的男性的方法。

符合下列狀況的媽媽，請看本章！

- ☑ 希望兒子能對你說體貼的話
- ☑ 擔心兒子養成討抱的習慣
- ☑ 不曉得該不該讓兒子去補習
- ☑ 不太想用罵的方式管教兒子
- ☑ 希望將兒子教養成勇敢又帥氣的男子
- ☑ 希望兒子的成績能進步
- ☑ 有必須成爲完美母親的壓力
- ☑ 兒子進入叛逆期就像變了個人，讓你覺得很失落

培養媽媽也會欣賞的好男人
祕訣
17

對孩子輸入「溫柔的話語」

人腦和人工智慧是一樣的

日本這個國家的媽媽和孩子，不太把「愛」掛在嘴邊。

孩子為什麼不會把愛說出口呢？

當然就是因為父母不說。

我個人針對這一點做了改革。

我希望我們母子間能有什麼樣的對話，我就先對兒子大量傳達那樣的話——我嘗試用這種方式來教養兒子。

人腦和人工智慧一樣（事實上應該是反過來，人工智慧是模擬人腦）。如果不輸入「溫柔的話語」，它也無法輸出溫柔的話語。

我從兒子誕生那天開始，就一直不停告訴他：「我好喜歡你、好愛你喔。」這麼做的結果是，兒子也會以轉化成各種不同型態的溫柔話語回應我。

「媽媽痛的地方不是手，而是心喔」

我撞到手覺得疼痛時，兒子一定會問我：「有沒有受傷？」我把疼痛的手伸向前，他也會替我揉一揉。

我先生說：「又沒什麼大不了的，你還真會討拍啊！」兒子就會說：「媽媽痛的地方不是手，而是心喔。」

我一直以來也是這麼疼愛兒子的。他一跌倒，我就會馬上衝過去把他抱起來。比起處理他的腳痛，我更希望先緩和他跌倒受到的驚嚇。因為我認為，讓孩子痛的不是身體，而是幼小的心靈。

我從未把這種想法說出口，但兒子竟然知道我的用心。

培養媽媽也會欣賞的好男人

祕訣 18

「愛」也必須儲蓄

我希望成為「能立刻來到孩子身旁」的母親

兒子剛出生時，只要一哭，我就會馬上衝去嬰兒床邊。雖然其他有經驗的媽媽都說：「你要不要冷靜一點？讓孩子稍微哭一下，也能鍛鍊肺活量喔！」但我還是想讓兒子有一位當他表達「不安」時，能「立刻來到他身邊的媽媽」。因為我深信，這是建立親子信賴關係的過程。

試想，剛出生的孩子，直到不久前都還在黑暗柔軟的母胎內溫暖舒適地睡著。他才剛來到這世上不久，一陣風吹的聲音、一個雲飄的影子，甚至連明亮和寬廣的

金錢和愛非常相似，

空間，都一定會讓他感到不安。所以，**當兒子哭的時候，我想讓他知道，媽媽會在他身邊，什麼都不用擔心。**

不知道現在還有沒有這種育兒觀念：「不可以孩子一哭就抱，這樣會養成他要人家抱的習慣。」以前大家都這麼說，但我總是不以為然。放著不管，結果嬰兒慢慢就不討抱了，這不就是因為不相信父母，所以放棄了嗎？我無法忍受自己疼愛的兒子覺得「就算哭，也不會有人為我做什麼」，然後做出人生第一次的放棄。所以，我總是第一時間就跑到他身邊抱起他。

每個人對育兒的優先順序不同也沒關係，所以，我覺得上述做法也沒什麼不好，但要是將來媽媽說自己受傷疼痛時，孩子也一定不會飛奔過來關心。對孩子溫柔，他也會以溫柔回報，我希望父母能記得這一點。

金錢和愛非常相似，都是必須先擁有才能使用。**父母必須像儲存教育基金一樣，持續累積愛。**

都是必須先擁有才能使用。

完全沒必要把孩子教養成菁英！

即使這樣，健康活著就很好

如果用世人的標準來衡量，我兒子小時候大概是以下所描述的這種孩子吧：早上沒辦法迅速地準備上學、不會寫作業（甚至連回家要寫作業都不太清楚）、對讀書沒興趣、成績也不太好（我覺得他不笨，但因為老是遲到和忘記寫作業被扣分，所以我也不太清楚他真正的實力）、跑步比賽也是最後一名（如果目標明確，他跑得比誰都快，但對單純跑步沒興趣）、不會整理房間、很難改變自己的步調、走路漫不經心，就是那種「像平常一樣出門上學，卻在第二堂課才到校」的小學生。他的特色就是活在自己的世界裡，不慌不忙的。而且當然不只是看起來如此而已。

兒子小學六年級時，班上很多同學都在為考私中努力準備。有位同學的媽媽跟我說：「一看到小黑川就讓人很安心，覺得這樣健康活著也很好啊。」她的話讓我很有感觸。

我兒子不是菁英也無妨……

相反地，我完全無法了解有些媽媽想將孩子培養成菁英的想法。如果孩子成為活躍國際的企業家或外交官，就無法陪在我們身邊了。為了讓心愛的兒子遠走高飛，辛苦送他去上補習班……這是為什麼呢？

當然，這世界需要優秀的人才，不過，不是我兒子也無妨……當然，如果孩子自己非常想成為菁英，那也只得尊重。

我是以這種心態教養兒子的。所以，對於想將兒子教養成菁英的媽媽們，讓我深感敬佩。

我兒子的特色就是活在自己的世界裡，總是不慌不忙。

培養媽媽也會欣賞的好男人

祕訣 20

在需要提醒兒子的關鍵時刻，就說：「身為男人，這麼做不酷」

媽媽也會欣賞的好男人

「成為媽媽也會欣賞的好男人」，這是我教養兒子的主軸。用這個觀念教養兒子，還有一個好處，那就是：我不太需要罵兒子，只要說：「身為男人，這麼做不酷。」幾乎就能解決大部分問題。

舉例來說，他讀幼兒園時，邀請朋友來家裡玩。但由於我兒子是獨生子，一開始對於要和朋友分享自己的玩具，覺得有點猶豫。我看了就說：「身為男人，這麼做不酷喔。」我兒子聽了就說：「哦，歹勢！」（模仿在江戶土生土長的爺爺的腔調），然後把玩具拿出來。

多虧這句話，我在教養他的過程中，幾乎沒說過「把○○做好」這類的話。**使用命令句，就會形成支配關係，等到孩子長大、有能力對抗時，就會反抗，到最後乾脆就與父母疏離。**

因此，我盡量不用命令句。我不會說：「快吃！」而是說：「這對身體很好喔，你吃吃看。」所以，在需要提醒兒子做得不對時，我會說：「身為男人，這麼做很不酷喔！」

這麼做很酷

反之，「因為這麼做很酷」，也是很有效的句子。有很多父母明明是自己想罵小孩，卻會搬出其他人來當擋箭牌，像是：「老闆會罵人喔，安靜一點。」這樣不是很難看嗎？如果改說：「安靜一點，這樣比較酷喔！」這麼說，父母自己看起來也會比較酷吧。

再者，**只要媽媽判定兒子「很酷」或「不酷」，就遠遠勝過任何其他招數了。因為媽媽是兒子「世界觀的座標軸原點」**。即使被他人否定，對孩子來說，也只是一發攻擊而已；但母親的否定，卻足以動搖他的世界觀。

Point

不要用命令句

- 快吃→

這對身體很好喔，你吃吃看。

- 快去洗澡→

洗澡水放好囉！

你先去洗好嗎？

- 去寫功課→

功課有沒有問題呢？

培養媽媽也會欣賞的好男人
祕訣
21

「依賴」孩子，是很有用的技巧

頭腦是互動式的機器

媽媽還有一個技巧可利用，那就是：直接把決定權交給孩子。

我兒子小時候在公園裡玩得渾然忘我，完全不想從攀爬架下來時，我不會說：「要回家囉，快點下來！」而是換個方式說：「現在再不回家的話，媽媽就沒時間煮咖哩了，怎麼辦？」讓孩子看見媽媽為難的樣子。這種情況下，就算是不太遵從大人命令的孩子，大多數也會回應：「我知道了，那我們回家吧！」

頭腦是互動式的機器，總是在衡量我們和其他人之間的關係，而語言是能馬上扭轉關係的工具。

受到依賴那一方的大腦，很自然就會變成當下的領袖。而領袖必須自制，不得不為全體著想，這種效果也一樣會體現在親子關係中。而且，即使是年幼的男孩，也同樣能發揮客觀性優先的男性腦特質。

兄弟吵架時，也用同一招來解決！

父母親試圖平息兒子們的爭吵時，經常會跟較大的孩子說：「你是哥哥，應該要讓弟弟。」例如，弟弟哭鬧著想要哥哥的玩具時，父母就會強迫哥哥借給弟弟，但這對哥哥來說並不公平。即使當下能平息爭吵，哥哥卻會因此累積壓力，很可能和弟弟的感情變得更糟。

所以，遇到這種情況時，媽媽不妨試著說出自己的為難：「怎麼辦呢？不知道弟弟能不能知道，這是哥哥很重要的東西呢？」然後接著問：「哥哥你覺得呢？」這時，哥哥可能會主動提議：「那我借他一下下好了。」

愈是受到依賴，男孩子就愈能變得有男子氣概、有智慧又可靠。

Point

男性腦

由於具有優先考慮客觀事實和情況的特質，所以一旦被依賴，就會成為當下的領袖，變得自制、比較能考量全體，顧全大局。

培養媽媽也會欣賞的好男人

祕訣

22

尊重丈夫，兒子的成績就能進步

對排序很敏感的男性腦

如果家裡的男孩不只一位，在教養孩子時，以長幼有序的原則來安排會比較容易。如果是兄弟都在的場合，就要依照老大、老二、老三的順序來拜託孩子（不過，如果某個孩子有特別擅長的領域，則另當別論，可以一開始先詢問他的意見）。

空間認知優先型的男性腦，對於「距離」、「位置」特別敏銳。**這一點也同樣表現在概念空間上，他們對於一群人之間的位置關係（排序）也一樣很敏感。**因此，男性很重視頭銜，無法無視職銜較高者的感受而表達自我。

年幼的男性腦也一樣。如果今天的排序和明天不同，他們

Point

男性腦

對於一群人之間的位置關係（排序）特別敏感。

就會感到混亂，無所適從。

兄弟有確定的排序，會讓男性腦感到安心。老二也會因為自己位居次位，比較不會有壓力。

人生的第一個榜樣

而位於這個排序頂端的，就是兒子們的父親，也就是你的丈夫。

男性腦有著依循榜樣成長的特質，而他們在世界上第一個認識的成年男性就是父親，所以多數男孩也會很自然地將父親當成人生最初的榜樣。如果看到這個榜樣（可作為範本的人生目標）受到妻子的輕視，就會重挫男孩成長學習的動力。

反之，如果男孩人生最初的女神（母親）能尊重他們的榜樣，不就會讓他們覺得「我也想努力達到那個目標」嗎？

因此，如果想激勵空間認知優先型的男性腦提升學習意願，當太太的就要尊重丈夫。

培養媽媽也會欣賞的好男人

祕訣

23

和兒子商量家裡的事，讓他成為安定你內心的一家之主

小事也跟兒子商量

如果讓兒子一起參與家庭事務的討論，還能進一步引領他成為「心靈上的家長」。

舉例來說，可以用以下的說法拜託他一起參與：「我們得去掃墓呀，你能一起來嗎？」或是跟他商量任何家裡的小事：「拉門的紙該換了，該怎麼做啊？」雖然兒子年紀很小時，還無法真的回應我，我就像在自言自語一樣，但我從他嬰兒時期就開始這麼做。

我家兒子由於一直受到我的拜託依賴，所以經常會擔心家裡的事。他小學五年級時，還曾經對我們夫妻倆說教：「我們根本不算是家人。家人就必須在一起吃飯才行。」因為我早上很忙，常直接站著匆匆吃早餐，而我先生則是很晚才會回家，所以一家三口根本無法坐在餐桌旁吃飯。但由於兒子這麼說，我們家後來立了一條新規矩：不管如何，每天全家人都要一起吃早餐。從那一天開始到現在，我們家一些讓家人更好的建議，幾乎都是由兒子提出，並督促大家

執行的。連要替換家裡的佛壇時，我們夫妻倆無法做出決定，也是和當時讀大學的兒子討論，最後選出一個三人都能認同的佛壇。

教養「男性腦」的重大祕訣

這麼一想，以前的母親特別看重男孩，給予尊重和教育機會，或許也是教養「男性腦」的重大祕訣。再進一步解釋的話，確實就是有讓人皺眉的男尊女卑意識。

這種男女差別的待遇雖然應當立刻禁止，但如果有助於培養男孩子的頭腦發展，那麼，多少保留一些「對男性的看重」，應該不失為有效的策略吧。

Point

母親最好不要太完美

身為母親，與其當個完美、帶領大家的大人，不如坦率地讓孩子看到你的不安與為難。當事情不如你預期時，表現出慌張也無所謂。

引領兒子成為「心靈上的家長」。

給孩子滿滿的愛，立刻就能得到回報?!

得到兒子的愛的三個條件

——不吝對兒子說出充滿愛的話語。
——不使用命令句。
——依賴兒子做些事情。

光是做到這幾點，就可以一輩子和兒子擁有充滿愛的對話。沒有理由不去試試看吧？付出如同甘霖般滿滿的愛，事實上很快就能得到回報。

在兒子四歲還是五歲時，好幾個晚上，我們母子倆都在比賽誰比較愛對方。「悠悠有這～～麼喜歡媽媽喔」，他伸長手臂這麼說。「媽媽有這麼喜歡悠悠喔。」我也伸長手臂回應他。當然，四歲兒子的手長比不過我。

兒子保持伸長手臂的姿勢，就這麼跑了起來，想讓愛的範圍變大。我也不認輸地往旁邊跑，四歲的兒子還是贏不過我。

像地球那麼大的愛

有一天，兒子從幼兒園放學回來後，將兩手手背貼在一起說：「悠悠有這～～麼喜歡媽媽喔。」我問：「那是什麼意思啊？」他回我：「手跟手裡頭有地球喔。」

他好像是從幼兒園的繪本還是紙偶劇裡得知，地球是圓的。所以他將雙手手背貼合、掌心向外，表示掌心和掌心之間，就是地球一周的距離！那一瞬間，我當然贏不了將地球握在手上的他。直到現在，我還會想起他那時候小小的手。

這種如同一整個地球般的愛，我在那之前的人生不曾擁有過，恐怕從之後到辭世之際也不會再有了。

Point

Q 叛逆期的兒子也能回應媽媽的愛嗎？

A 男孩子在十四歲左右會開始經歷睪固酮風暴，突然啟動「男性腦」的運作。睪固酮會強化男性自我領域的防禦意識和競爭心，所以他可能動不動就說：「不要隨便進我房間」、「不要多嘴啦」。

不過，這些大大小小的情況會在十八歲左右告一段落。就算兒子在某個期間變了一個人似的，他也一定會回到之前的狀態。

因此請不用擔心，將這種改變視為成長的一環，在兒子身邊守護著他就好。

培養「行動力」的方法

缺乏行動力，是人生最大的損失。
事實上，男性和女性發揮行動力的情境不同。這是因爲專司狩獵的男性腦和專司育兒的女性腦，努力的方向完全不一樣。
所以，開啟男孩子行動力的開關，經常是在媽媽意想不到的地方，媽媽激勵兒子的方法，也可能意外帶來反效果。

本章將討論相關的內容。

符合下列狀況的媽媽，請看本章！

- ☑ 希望兒子能充滿好奇心
- ☑ 兒子最近很容易發怒
- ☑ 兒子什麼都說「不要」，讓你很困擾
- ☑ 兒子一直提問，讓你招架不住
- ☑ 兒子不預習功課，讓你很擔心
- ☑ 只要是和兒子有關的事，你就是會很擔心
- ☑ 希望知道當兒子失敗時，自己該怎麼做

祕訣 25

培養充滿好奇心的男孩，需要三個條件

缺乏營養，頭腦就動不了

行動力、好奇心、專注力、思考力、想像力、記憶力……這些全部都只是腦內的電子訊號（神經訊號）。而電子訊號的電能來源為「糖」，糖是以血糖的形式從消化器官輸送至腦部。

神經訊號是透過長長的神經纖維（有時長達數十公分）所傳遞，並會在傳遞過程中減弱。為防止訊號減弱，神經纖維上包覆著如同「絕緣外殼」的組織，也就是「髓鞘」。髓鞘則是由膽固醇所製造。

此外，神經訊號全都是由腦內的荷爾蒙掌管。血清素及多巴胺這兩種荷爾蒙與動力的訊號有關，多巴胺也會激發好奇心的訊號。正腎上腺素則會中止「多餘的訊號」，帶來專注力。

製造腦內荷爾蒙的材料，說到底就是「維生素B群」、「來自動物性蛋白質的胺基酸」和「葉酸」。附帶一提，維生素B_1必須依靠鈉才能在血液裡流動，因此我們也不可忽視負責運輸養分的「礦物質」。

在細談教養方法前，我們要先了解的是，如果沒有攝取充分營養，頭腦就無法正常運作。

補充營養的三個條件

❶ 確保頭腦能獲得穩定的能量來源（血糖）。換句話說，血糖值不能過低。

❷ 確保神經訊號的傳遞不會減弱。也就是說，膽固醇值不能過低。

❸ 確保腦內荷爾蒙分泌充足。也就是說，要均衡攝取維生素及蛋白質。

只要確實滿足這三個條件，就算教養方式有點草率馬虎，還是能讓兒子成為一個「充滿好奇心、衝勁滿滿、善解人意」的男孩。

只要滿足營養的三個條件，就能培養「充滿好奇心、衝勁滿滿、善解人意」的男孩。

Point

「蛋」是培育頭腦很方便的全食物

膽固醇、動物性胺基酸、維生素B群，這些營養素在蛋裡全都有。

在身高快速成長的國、高中生階段，一天可以吃兩、三顆，或者想多吃也無妨。

培養出媽媽也會欣賞的好男人 祕訣 26

甜的早餐會奪走人生

容易發怒的理由

頭腦的所有活動，都是仰賴電化學訊號的傳遞來進行，而這種腦神經訊號的能量來源則是血糖。沒有糖，頭腦就無法運作。

因此，不論是空腹或餐後，血糖值最少都要控制在80以上。一旦血糖值下降，身體就會判定處於危險狀態，而持續分泌能提高血糖值的荷爾蒙。

不過，包含腎上腺素在內能提高血糖值的荷爾蒙，都很有可能「讓情緒變得敏感尖銳」。也因此，這時候人比較容易發怒。

你知道，這種麻煩的低血糖狀態，其實是肇因於「空腹吃甜食」嗎？空腹時如果馬上攝取含糖食物，就會讓血糖值飆高。身體為了抑制突然飆高的血糖值，就會過度分泌胰島素，結果又讓血糖值一口氣急速下降。所以，「空腹吃甜食」，反倒會導致低血糖。如果這種情況一再重複，就會引發低血糖症。

低血糖症的人餐後雖然會很有精神，但很快地，血糖值就會下降到接近意識不清的狀態。這種時候，不可能有多餘能量去產生行動力、好奇心或專注力。此外，也有營養學專家提出警告，拒絕上學的孩子大多數都患有低血糖症。

早餐很重要，要特別注意

早餐是我們在最饑餓的狀態下攝取的飲食，所以，比起其他時間的飲食更需要留意。會讓血糖值突然飆升的食物，包括鬆軟的白麵包、甜點、甜的水果等，像是鬆餅、紅豆麵包配果汁的早餐，都會讓身體快速進入低血糖的狀態。

理想的早餐，應該富含人體所需的營養，例如由生菜沙拉、蔬菜味噌湯、蛋白質（蛋、火腿、烤魚、納豆等），配上白飯或麵包等組成。沒時間準備時，起碼也要為孩子做一碗雞蛋拌飯。

Point

這樣的孩子最好少吃「甜的早餐」

- 成績沒進步
- 容易暴躁

培養出媽媽也會欣賞的好男人

祕訣 27

就讓孩子做他的「頭腦實驗」吧！

進入「不要不要期」

孩子的「行動力」大約是從兩歲的「不要不要期」開始萌芽。

這時期的孩子可能會從面紙盒不斷抽出面紙、戳破紙拉門、把撿來的小石頭放進嘴裡。即使制止孩子，他還是會笑嘻嘻地繼續做。爸媽要他做什麼，他都會說「不要」。

以前，我們稱這段時期為孩子的第一次叛逆期。**我很討厭「叛逆期」這個詞，因為這時期的孩子只是在做一個大型實驗。他們頭腦原本就具有的互動性在此時覺醒。**孩子開始發現自己做的事會對周圍產生影響。如果是靜態物品，他可以去改變形狀，或去移動。如果是人或動物，就會對他做的事有回應。頭腦會根據這些互動作用，來認識周圍的環境。這就是腦的互動性。

頭腦的實驗期

舉例來說，當我們在密閉空間內發出聲音，聲音就會因為碰到牆壁而反彈回來。這個回音會讓我們知道空間的大小，以及自己所站的位置。聲音的大小和發聲方向只要改變，回音也會跟著變。**我們就可以據此累積經驗，逐漸在腦內建構起一套系統，以調整自己的輸出（聲音）並分析資訊（回音）**。

孩子一直重複做媽媽不希望他做的事、讓媽媽覺得很煩的「不要不要期」，其實就是頭腦的「實驗期」。要是媽媽阻止實驗，削弱孩子的好奇心，將來才叫孩子要專心讀書，不是很沒道理嗎？

孩子在兩歲的實驗期所湧現的好奇心和實驗欲望，父母就採取贊同的態度由他去吧。我認為這是培育「行動力」的第一步。請在孩子的頭腦烙印下「只要感到好奇就身體力行」的觀念吧。

Point

頭腦的「實驗期」＝不要不要期

兩至四歲時，孩子會從嬰兒時期的被動狀態轉為主動，開始建構自己和周圍的關係。

↓

如何培育「行動力」？

對於孩子在實驗期所湧現的好奇心和實驗欲望，父母就採取贊同的態度由他去吧。

祕訣

28

等待孩子自己覺察

「你覺得呢？」

孩子來到四歲左右，就會開始不停地問：「這是什麼？」「為什麼？」這是接續實驗期之後到來的「提問期」。

面對孩子這個時期的提問，我希望大人可以盡可能地回答他們。**尤其男性腦並不擅長「表達自我」，好不容易才將想法組織成問題，若大人拒絕回應，男孩子應該會覺得很受挫。**就算父母回答不出來也沒關係，但至少要回應孩子，把問題聽進去，跟他一起感到疑惑。

如果有時間的話，也可以反問孩子：「你覺得呢？」這樣的互動也很有趣。有一回，我兒子看到繪本上的彩虹就問我：「彩虹為什麼有七種顏色呢？」我反問他：「你覺得呢？」結果他笑著說：「我覺得啊，因為天上的神有七種看世界的方式。」

就算得不出答案、一直繞圈圈（可參考左頁的「重點」），也可以引導孩子的好奇心，讓

他多觀察和思考，這對孩子的頭腦來說，也是培養策略思考的好機會。說到底，引導孩子的好奇心、讓他樂在其中，就是提升感知力的基本。如果孩子對於找出答案的過程覺得麻煩、無趣，那麼頭腦的進化也會逐漸變得緩慢。

有「覺察」的能力，才有開始的動力

坊間也有標榜能「開發腦力」的幼兒教育，在孩子還沒開始感到好奇前，就不斷透過物品給予刺激。我不是很贊成這種方式。雖然那些幼教產品都做得很好，但我覺得最好的方式，還是讓孩子在日常生活中「自己突然覺察到、注視，然後提問」。等孩子長大成人，想開創事業時，如果沒有這種「覺察」的能力，也就無法起步。而思考力則是覺察後才需要的能力。

就算親子對話一直鬼打牆、繞圈圈，也能培養思考力

兒子：「斑馬為什麼會有斑紋呢？」

媽媽：「你覺得呢？」

兒子：「因為牠喜歡斑紋啊～～」

媽媽：「沒錯呢，母斑馬都喜歡斑紋，也許斑紋好看的公斑馬很受歡迎喔。然後，母斑馬會生下斑紋好看的孩子，這就是進化的法則呢。不過，為什麼母斑馬喜歡斑紋呢？」

兒子：「因為很帥氣啊～～」

媽媽：「那你為什麼覺得牠很帥氣呢？」

兒子：「因為是斑紋啊～～」

培養出媽媽也會欣賞的好男人

祕訣 29

不用勉強孩子先學習

在教室裡不覺得無聊的方法

兒子上小學前，我幾乎沒教他數字和國字就送他入學了。因為我認為如果他已經先知道小學要學習的內容，上課時不就會覺得無聊嗎？**學校這個地方，不是用來確認已經知道的知識，或是炫耀比別人早學會的知識。**

兒子讀小一時，他的導師有天這麼對我說：

「數學課下課時，我說，如果解出這個計算題的人就可以休息囉。說完後，其他孩子都很快跑出去玩。不過，黑川同學看起來好像樂在其中，慢慢地算著題目，還一邊自言自語說『啊，到這裡啦。』等到休息時間結束，下一

堂課要開始時，他突然大喊一聲『上廁所！』就跑出去了。」

我聽了不禁噗哧一笑。老師也笑著說：「我想跟媽媽討論一下，我是應該催促他快一點，還是就讓他照自己的速度來呢？」真是一位很棒的老師啊。當然，我是拜託老師「讓孩子按照自己的速度來學習」。

媽媽請先為自己打預防針

那是二十三年前的事了，現在小學的情況和當時或許不一樣，孩子在入學前理所當然都已經開始學習數字和國字。要是老師也以此為前提授課，無法跟我們以前的做法一樣，真的很可惜。

話雖如此，也不用勉強。但我希望媽媽們能記得，世上也有這種不一樣的觀點，就當作是先為自己打預防針，知道用向來抱持的輕鬆態度繼續走下去也沒問題。

培養出媽媽也會欣賞的好男人

祕訣

30

男性腦一旦立定志向，生活就會變得比較輕鬆

日本小學校園內有二宮金次郎銅像的原因

男孩子都需要設定目標，或是有個可作為榜樣的人物。以前日本的小學會有二宮金次郎[1]銅像的原因，就是如此。另外，有時候街角會立著英雄雕像，也是同樣的道理。畢竟，「成為那種傑出人才」的想法，也是能讓男性腦覺得安心的一種目標設定。

附帶一提，女性腦會單純地享受過程，不管是考試、校外教學、運動會，她們都能在全心專注當下中度過。而光是「能見到喜歡的男生」這種動機，就足以讓女孩有充分的動力上學。

當媽媽的經常一不小心就會忘記，必須讓兒子看到「長遠的目標」。為人母者在這一點上，可不能毫無自覺啊。對男性腦來說，目標愈遠大，他們現在就能過得愈輕鬆。比方說，就

1 譯註：二宮尊德，又稱二宮金次郎，是江戶時代末期的農政家與思想家。他年幼家貧，必須幫忙家務、負擔家計，又要照顧弟弟。但與此同時，仍然勤奮讀書。所以，是有德勤學的典範人物。

是因為懷有「想成為像大谷翔平一樣頂尖的棒球選手」這個遠大目標，才能忍耐今天一千次的打擊練習。

目標不能太容易達成

而且，男性腦一旦發現自己以為的目的地竟然還不是目的地時，動力就會快速下降。如果太快就能達標，一旦他們達成後，動力也會跟著減少。因此，目標必須設得長遠一點。

女孩子的情況則不同，她們是透過不斷「體驗現在」而往前邁進的。打個比方，就像摘完玫瑰後，她馬上就會發現還有鬱金香可摘。

對男性腦來說，失去大局時會讓他們墜入黑暗中，有時甚至會失去生存的意志。這時候，媽媽的憧憬能引領兒子繼續前行。請幻想一個帥氣的男性形象，並讓孩子純真地期待自己能成為那樣的人。

男性腦是目標設定得愈遠大，現在就能過得愈輕鬆！

男性腦
要設定目標，或是有人可作為榜樣。

女性腦
能單純地享受過程。

培養出媽媽也會欣賞的好男人

祕訣 31

母親的恐懼會讓孩子受限

忍耐著不說「不要去」

這是發生在兒子國中三年級春假的事。

他從半年前就開始準備，打算春假展開約一百公里的自行車旅行。如今看來，那真是很可愛的冒險旅程。不過，他出發的那天清晨，我做了一個夢，夢見他的自行車被捲入垃圾車後輪，接著我在大聲尖叫中（我覺得自己有喊出聲）醒來。外頭還很暗，下著小雨。

我瞥見客廳的燈亮著，兒子正在做暖身操。我拚命忍著想大叫「你不要去！」的衝動，問他：「在下雨耶，你還要去嗎？」

他微笑著回答：「這種天氣正好很適合騎腳踏車，只要預防脫水就可以了。」

即便到現在，我都還清楚記得他走出玄關的背影；直到如今，我的心臟依然彷彿快爆裂開。那時，我的雙手在背後緊緊交握，拚命壓抑想抱住兒子、要他別去旅行的念頭。

年輕熱情的冒險精神

那時候，我不知為何堅決地相信，如果我因為害怕而阻止兒子，個性體貼的他一定會為了我取消計畫，不過，之後他也可能不會再安排冒險旅行了吧。因為媽媽的恐懼會成為一種限制，導致他喪失年輕熱情的冒險精神。我心想，就算會受傷，男性還是不能失去這種冒險精神。

送兒子出門後，我抱膝坐在玄關，顫抖地哭泣。雖然聽起來很誇張，但那一刻我覺得自己完全能理解母親送兒子上戰場的心情。時至今日，世上也有很多母親目送兒子出門吧。不論是前往戰場，或是前往危險的地方，母親只能將發抖的手藏在身後。

女性腦

無法接受教養失敗，所以會無意識地害怕失敗。

↓

「必須不怕失敗、勇敢成長的男性腦」的第一個阻礙，經常就是「害怕失敗的母親」。

培養出媽媽也會欣賞的好男人

祕訣

32

允許孩子失敗，陪他一起面對

不必害怕失敗

人工智慧具備學習的功能。如果有效地讓它學習成功案例，就能縮短學習時間。有時候讓它失敗，給予迴路衝擊，它可能會出現短暫的混亂狀態，導致學習時間拉長。不過，這麼一來，反倒能提升策略能力。**不允許失敗的人工智慧，雖然能確實完成「例行公事」，但「處理新事態的能力」卻嫌不足。另一方面，允許失敗的人工智慧，則有能力開拓新的道路。**

人類當然也一樣。

媽媽可以幫助孩子掌握所有要領，快速提升成績，培養他成為能承擔責任與義務的菁英；但也可以讓孩子慢慢來、允許他失敗，培養他成為開拓者、先

驅者，這也是有智慧的母親可以選擇的路。

「早知道我也○○就好了」

不過實際上，當孩子失敗時，父母又該怎麼做才好呢？如果叫你不要責備孩子、不要因此失望，你是否就不知道該如何回應呢？

這時候你可以說：「早知道我也○○就好了。」

比如，模擬考前一天，儘管你已經跟孩子說：「睡前要做好準備，確認要帶的東西喔」，但隔天一早孩子突然說：「糟了，單子上說要帶拖鞋耶。」這種情況，凡是當媽媽的一定都想大罵：「我不是跟你說了嗎！」不過，這時候得說：「如果之前媽媽能跟你一起確認單子上的物品就好了。」然後跟孩子一起趕快找拖鞋。

這麼說，是跟孩子一起承擔失敗。對孩子來說，聽到這句話的瞬間，會覺得媽媽「是能幫我分擔痛苦的人」。這個世界上，還有比能分擔孩子痛苦的媽媽更珍貴的？所以，失敗其實是好事。

Part 5

培養「體貼能力」的方法

既然身爲男人，就必須懂得體貼。在世界其他地方，都是由媽媽來教導兒子這個部分，但在日本，媽媽不太教兒子這一點。

所以，在本書最後，我想談談如何培養體貼能力。

符合下列狀況的媽媽，請看本章！

- ☑ 希望兒子學會有同理心的對話
- ☑ 希望兒子能體貼待人
- ☑ 希望教兒子世界通用的體貼禮儀
- ☑ 希望兒子能擅長下廚
- ☑ 不知道是否要讓兒子學習才藝
- ☑ 你有任何情緒，都會反映在說話和表情上
- ☑ 如果讓兒子看到你煩躁，你會有罪惡感

培養出媽媽也會欣賞的好男人
祕訣
33

把「為什麼？」改成問「怎麼了？」

對話的粉碎機

日本男性不擅長具有同理心的對話，這是因為，日本的母親也不會和兒子進行有同理心的對話。媽媽們尤其需要注意，自己是否總以5W1H的提問方式和兒子對話。

5W1H，指的是以Who（誰）、When（何時）、Where（哪裡）、What（什麼）、Why（為什麼）、How（如何）作為開頭的問句。5W1H是用來確認細節的提問，是朝著目標前進、希望能盡快得出結論的一種目標導向、以解決問題為主的說話方式。

不過，這種提問法會讓頭腦緊張，也無法碰觸到對方的內心。

我將突如其來的5W1H提問，稱為「對話的粉碎機」。因為即使提問者沒有威嚇之意，但聽起來卻像是在威嚇。

話語不單純只是話語而已

只要將「為什麼沒做（不會做）？」改成「沒事吧？怎麼了嗎？」即可。不是問：「為什麼沒寫功課？」而是問：「沒事吧？你好幾次忘記寫功課，怎麼了呢？」

「為什麼沒寫功課？」這句話是在責備兒子的怠惰，但「沒事吧？怎麼了呢？」則是懷疑是否有外在因素，並帶著一種想幫助孩子思考改善方法的體貼。

如果問孩子：「為什麼沒寫功課？」孩子回你：「因為我忘了。」你的反應可能是勃然大怒。如果你問他：「沒事吧？怎麼了呢？」孩子還是回答：「因為我忘了。」你可以再問：「那該怎麼做才不會忘記呢？」以這種方式切入，進行有建設性的對話。

「為什麼？」與「怎麼了？」兩個問句的用字只差一點，卻能讓母子間的對話變得完全不同。可見，話語不單純只是話語而已。

不要使用5W1H的提問

為什麼不寫功課？

↓

沒事吧？你好幾次都忘記寫功課，怎麼了呢？

培養出媽媽也會欣賞的好男人

祕訣

34

如何開啟親子間的心靈對話？

不要突然丟出5W1H的提問

我想分享一下如何與兒子展開心靈對話。

就像上一篇提到的，首先，我希望父母在家裡不要突然使用5W1H的提問。

不過，這並不包括「番茄醬在哪裡？」這種與提問者本人行為直接有關的問題，以及用來代替「為什麼？」的「怎麼了嗎？沒事吧？」

開啟心靈對話，可以從以下六種方法開始：

1. 讚美

像個戀人一樣讚美他：「那很棒呢」、「滿帥的嘛」、「這種事你也會啊」。

2. 慰勞

看到兒子的努力後要說：「你做得很好啊」、「你很努力啊」。

3.感謝

「謝謝你幫我收快遞」、「你幫我把米搬進來，真是幫了大忙啊」。兒子幫忙你時，要表達出對他的感謝。

4.說出自己看到的、感受到的事物

和孩子分享發生在自己身上的細微小事，也能成為一個談話的誘因，讓孩子也說出自己的心情，因而有機會產生心靈對話。而且真的是任何芝麻綠豆小事都可以拿出來分享，像是：「河堤那邊的櫻花已經看得到花苞了喔」、「今天的雨下得真大啊」等。

5.依賴

「你可以幫我試一下咖哩的味道嗎？」「今天的火鍋要放什麼料啊？」可以三不五時就依賴孩子。

6.訴苦抱怨

就算是媽媽，也可以跟孩子說：「我好難過，安慰我一下吧」、「好累哦，我動不了了」。請孩子抱抱你，或唸繪本給你聽也可以。

培養出媽媽也會欣賞的好男人

祕訣 35

交付孩子神聖的任務

名為「母親」的聖域

在兒子五歲時的某一天，寫不出稿子的我躺在床上，心煩意亂地翻來覆去。「沒事吧？」見狀，兒子飛奔過來抱住我，輕拍我的背。結果，不可思議地，我就順利寫好一篇文章了。

我笑著感謝他之後，從此，這就成了他神聖的任務。如同儀式一般，只要我說稿子寫不出來，他就會跑過來抱住我。事實上，現在他還是這樣做。

男孩子的使命感就是如此專一。不只我兒子這樣，連我兒子的朋友對媽媽的體貼和付出，旁人看來也都很欽佩。儘管我覺得他們或許不太以言語表現出對媽媽的愛。

男孩子心中都有一個名為「母親」的聖域，我只能想到這個形容詞語。但的確是如此，畢竟，他們頭腦想像空間的最初座標軸原點就是母親啊。

「話語的體貼力」

男性要能體貼他人，必要條件就是要有自己「必須保護的人」。

從我兒子五歲的那天開始，對他來說，媽媽就是「自己不去抱抱她，就寫不出稿子的人」。於是，他在其他情境中也一樣會發揮領導力。

如果家裡有好幾個兒子，媽媽也要交付孩子不同的神聖任務。**這是連繫母子兩顆心的鉤子，也是培養「話語體貼力」需要的動機。**最終，他會使用「話語體貼力」來面對他珍惜的女性。

Point

男性具有守護他人決心的必要條件

有自己「必須保護的人」。

培養出媽媽也會欣賞的好男人

祕訣 36

兒子進入世界之前，應該教他的禮儀

最基本的體貼禮儀

以行為來說，最基本的體貼禮儀就是「等女性入座後，自己才坐下」。

一九九九年，我帶著八歲的兒子一起去歐洲出差。當時，我負責的一位中提琴獨奏家，獲得克羅埃西亞的國家專案邀請，在美麗的要塞都市杜布羅夫尼克演出。我沒辦法和兒子分開兩週，所以帶他一起同行。

我們和當地的音樂工作者及他們的家人見面，也一起在街道上散步。在那裡，我們看到男性會體貼地守護著母親、外婆和祖母。在餐廳和演奏廳裡，即使是學齡前的小男孩，也絕對不會自己先坐下，一定是體貼地等待同行的女性全部坐好，才安心地跟著入座。他們不是幫女性拉開椅子，而就只是在旁邊守候著，以確認心愛的人是否都順利入座、椅子坐起來是否舒服等。

我家的八歲兒子看在眼裡，很自然也就學起來了。

在送兒子走向世界之前

後來，我理解到那個座位禮儀和所有體貼禮儀的共通點。雖然禮儀的細節會依據女伴當天穿的鞋子和服裝，或是對方的年齡而有些微差異，但大致上就是在對方「入座時」、「起身時」、「開始走下樓梯時」、「開始走上樓梯時」守護對方。如果能再加上以下三點：「體貼共乘電梯的女性」（留意電梯門的開關、幫忙按樓層鍵）、「在飛機機艙的走道上要禮讓女性先行」、「幫女性穿上大衣」，那麼，不管到世上的任何地方都不會失禮。

在媽媽要送兒子走向世界之前，請先教他這些禮儀。

注意這些體貼禮儀，在世界各地都不會失禮

① 入座時
② 起身時
③ 開始走下樓梯時
④ 開始走上樓梯時
⑤ 體貼共乘電梯的女性（留意電梯門的開關、幫忙按樓層鍵）
⑥ 在飛機機艙的走道上禮讓女性先行
⑦ 幫女性穿上大衣

培養出媽媽也會欣賞的好男人

祕訣

37

如何讓男孩子擅長下廚？

專業廚師多是男性的理由

經常有人問我：「要怎麼做才能讓兒子擅長下廚呢？」

事實上，男性腦本來就應該對料理在行。藉著優秀的空間認知能力與運動神經，比較容易練就烹飪的技巧。

雖然女性對「美味」很敏感，比較能確認「自己喜歡的味道」，不過，如果說到「客觀掌握味道，加以比較評價」的話，則是男性腦勝出。專業廚師絕大多數都是男性，應該也是這個原因吧。

正是由於男女有別，所以男性讚美食物的方式多半令人不快，比如：「我覺得還不錯啦。」誰要你給客觀評價了？做菜的人希望聽到的是「好吃」、「真開心」等主觀的回應啊！

不過，雖然男性腦和女性腦對料理的掌握方式有點不同，但都有機會變成料理高手。

我家的主廚是兒子

事實上，我家的主廚是我兒子。

當兒子掌廚時，和他一起並肩站在廚房裡真的很開心。再加上採買食材的計畫也是我們兩人一起擬定，所以親子間的對話也會跟著變多，有時候他也會邀我一起去採買。最棒的是，因為他很清楚下廚者的用心與辛苦，所以懂得具體表達出感謝：

「這道菜的做法很費工吧，很好吃喔！」

那麼，要如何讓男孩擅長下廚呢？**說到底，就是父母也要能享受飲食與下廚之樂。父母能愉快享受烹調的過程，孩子才會對下廚有興趣。父母吃得津津有味，孩子才會跟著想嘗嘗。**

很可惜，我覺得除了這個方式之外，別無捷徑。

讓男孩子擅長下廚的重點

父母要能享受飲食與下廚之樂！

男性腦擅長「客觀掌握食物的味道，並加以評比」。

祕訣
38

生活中自然接觸的事物，能和大腦有深度互動

被禁止彈奏的鋼琴

不只是下廚，父母如果想讓孩子做任何事，自己都要先樂在其中吧。

我曾經有機會和蕭邦鋼琴大賽的得獎者、一位俄羅斯鋼琴家談話。我問他：「你為什麼會成為鋼琴家呢？」他的回答是：「因為我父母也是音樂家，所以我們家到處都看得到樂器。」

這位鋼琴家是家裡三個孩子中的老么。他的父母雖然刻意栽培哥哥和姐姐成為音樂家，但並不教老么任何樂器，刻意讓他遠離。他們本來是希望，家裡起碼有個人不是音樂家。結果，他自己偷偷去玩、去敲打鋼琴鍵盤，後來反而成了家族中最有成就的演奏家。

鋼琴家說，是父母親和兄姐愉快演奏樂器的模樣引導了他。**我認為，「不硬逼」孩子學習什麼，而是「禁止」他做什麼，也發揮了很大的作用吧**。愈是被禁止，就會愈覺得好奇，這是人之常情。世界上不知有多少奇幻冒險故事是這樣展開的：故事人物被告知「這扇門（這個蓋子）絕不可以打開」，但他們還是打開，結果就發生大事了。

即使父母不是嚴厲地禁止，也不該強迫，而是讓孩子自然接觸。有時候，出乎意料地，那才是我們能教給孩子最棒的「才能」。

你的孩子平常都接觸些什麼呢？

自然看到、接觸、體會，最後忍不住產生好奇心，自己踏出第一步，這樣的過程能讓頭腦發揮最大的感知能力。從頭腦的構造來看，這是不言自明的道理。

學才藝固然也很好，但孩子在日常生活中自然接觸到的事物，更能與大腦有深度的互動。

——你家兒子平常都接觸些什麼呢？

> Q 什麼情況下大腦會發揮最大的感知能力？
>
> A 自然看到、接觸、體會，最後忍不住產生好奇心，自己踏出第一步去嘗試。

父母如果想讓孩子做什麼事，自己都要先樂在其中吧？

培養出媽媽也會欣賞的好男人

祕訣

39

媽媽不能任由情緒影響話語和表情

母親的特別

嬰兒看到任何人的表情肌肉，都會跟著反應，但對媽媽的表情肌肉會有更強烈的反應。

這是因為嬰兒待在媽媽肚子的十個月裡，已經對媽媽的肌肉運動有細微的感應。**媽媽微笑時，表情肌也會牽動腹肌與橫膈膜一起柔軟地動作。說話時，這種連動更為強烈：肺部膨脹、橫膈膜上下、腹肌緊繃，接著是腹腔發出聲響。因此，嬰兒一出生，對母親的表情和所說的話，就會表現出強烈的共鳴反應。**

所以，在育兒上，父親和母親的起點並不一樣，母親有絕對的優勢。

也因此，母親說的話和表情，比任何人對孩子都有更大的責任。成為媽媽後，就不能任由情緒影響自己的發言和表情。孩子下課時，你是用沉穩的表情迎接他嗎？（如果是職業婦女，就是你回家時的表情。）

當媽媽以「穩定、帶著好奇心與活力的愉快表情」迎接孩子，孩子也會在自己臉上反應出這樣的表情，接著，會產生與之相應的情緒。因為表情是很有趣的東西，可以輸出訊息，也能輸入訊息。

媽媽能決定家裡是天堂還是地獄

換句話說，我們開心時會露出開心的表情；反之，當露出開心的表情時，也會觸發腦內在開心時會作用的神經訊號。

如果孩子下課時，看到的是媽媽「不滿、黯淡、碎唸抱怨的表情」，或是「不耐煩、像在生氣一樣的表情」，孩子的心情也會變得跟媽媽一樣。

家裡是天堂，還是會變成地獄，就全靠媽媽的一個表情。

胎兒對媽媽的表情和所說的話，會有強烈的共鳴反應。

培養出媽媽也會欣賞的好男人

祕訣 40

妳無須對本書的內容照單全收，妳的幸福快樂最重要

媽媽的喜怒哀樂會引導孩子

當了母親後，當然會有辛苦的時候。但凡是人，都會有感覺煩躁、生氣的時候，這在日常生活中是司空見慣的。

母親要有喜怒哀樂是很重要的，有時候，只能透過憤怒與悲傷才能引導孩子成長。在孩子腦中，也需要有喜怒哀樂的落差，才能描繪出情緒的地圖。所以，「媽媽絕不能生氣，一定要很溫柔」的這種想法其實並不好，這會導致孩子最終缺乏感性。

雖說如此，但我仍希望媽媽們至少在送孩子出門和迎接孩子回家之際，能展現穩定柔和的表情。**男性腦的空間認知能力很強，習慣把「點」連起來，變成「線」和「面」**。只要媽媽能在一天的這兩個時間點都露出「溫柔的表情」，就算其他時間有情緒起伏，孩子也還是會覺得媽媽是「溫柔的」。當孩子在外頭時，只要想到「家裡有溫柔的媽媽」，就算遇到一些困難也

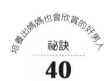

能忍耐。等到長大後，也還是會回想起「媽媽真是好溫柔的人啊」。

身為母親的責任

母親溫柔的笑臉，能培養兒子擁有柔和的表情，而這正是對於男性最強的體貼守護力。再者，男性也是從母親身上學到可以改變人生的表情，這是身為母親的責任，所以，請媽媽一天兩次扮演溫柔的女人。也因此，我希望當媽媽的人都能幸福，也願意自我肯定。

這本書裡雖然講了很多令人聽起來刺耳或不中聽的事，但那些你不喜歡的部分，可以完全忽略，不必管它，只要把你認同的意見留在心中就夠了。

畢竟，我一點也不想否定任何母親的人生。

媽媽如果能夠享受人生，兒子自然能成為有魅力的人。放心，你辦得到！

媽媽如果能夠享受人生，
兒子自然能成為有魅力的人。

教養生活 CU00080

兒子使用說明書【暢銷插畫版】：對於教養男孩覺得心累的媽媽，請聽腦科學專家給妳的建議

作　者—黑川伊保子
譯　者—李靜宜
主　編—郭香君
責任企劃—張瑋之
封面內頁設計—比比司設計工作室
內頁排版—新鑫電腦排版工作室
總 編 輯—胡金倫
董 事 長—趙政岷
出 版 者—時報文化出版企業股份有限公司
108019台北市和平西路三段二四〇號七樓
發行專線—（〇二）二三〇六—六八四二
讀者服務專線—〇八〇〇—二三一—七〇五
（〇二）二三〇四—七一〇三
讀者服務傳真—（〇二）二三〇四—六八五八
郵撥—一九三四四七二四時報文化出版公司
信箱—10899臺北華江橋郵局第九九信箱
時報悅讀網—http://www.readingtimes.com.tw
綠活線臉書—https://www.facebook.com/readingtimesgreenlife
法律顧問—理律法律事務所　陳長文律師、李念祖律師
印　刷—華展印刷有限公司
初版一刷—二〇二四年十月十八日
初版三刷—二〇二五年二月七日
定　價—新臺幣三〇〇元

時報文化出版公司成立於一九七五年，並於一九九九年股票上櫃公開發行，於二〇〇八年脫離中時集團非屬旺中，以「尊重智慧與創意的文化事業」為信念。

兒子使用說明書（暢銷插畫版）：對於教養男孩覺得心累的媽媽，請聽腦科學專家給妳的建議 / 黑川伊保子 作；李靜宜 譯. -- 初版. -- 臺北市：時報文化出版企業股份有限公司, 2024.10
面； 公分. --（教養生活；CU00080）

ISBN 978-626-396-812-7（平裝）

1. CST: 親職教育　2. CST: 親子溝通　3. CST: 親子關係

528.2　　113013784

ISBN 978-626-396-812-7
Printed in Taiwan

作者簡介

黑川伊保子

腦科學．人工智慧（AI）研究者。

一九五九年生於日本長野縣。奈良女子大學物理系畢業後，任職於富士通「社會科學實驗室」，從事人工智能（AI）研究。二〇〇三年成立「感性研究公司」，並擔任董事，開發出集腦功能理論與AI於大成的語感分析法，針對大塚製藥「SoyJoy」等眾多商品名稱進行感性分析，被譽為首位讓市場行銷領域邁向全新境界的感性分析者。

此外，因發現男女的大腦對於「即時反應的方式」大不相同，該研究成果轉而變成寫作題材，陸續發表暢銷書《兒子使用說明書》、《青少年使用說明書》、《老公使用說明書》等，該系列總銷量突破100萬冊。

譯者簡介

李靜宜

曾任職於出版社，現為文字工作者，守備範圍包括翻譯、編輯、撰稿。

在時報出版的譯作有《為什麼你說的話都沒人聽？》、《其實，我們都寂寞》、《膽小別看畫V》等。